O outro

O outro
Franklin Leopoldo e Silva

FILOSOFIAS: O PRAZER DO PENSAR
Coleção dirigida por
Marilena Chaui e Juvenal Savian Filho

Copyright © 2012, Editora WMF Martins Fontes Ltda.,
São Paulo, para a presente edição.

1ª edição 2012
3ª tiragem 2022

Acompanhamento editorial
Helena Guimarães Bittencourt
Revisões
Letícia Braun
Maria Fernanda Alvares
Edição de arte e capa
Katia Harumi Terasaka
Produção gráfica
Geraldo Alves
Paginação
Moacir Katsumi Matsusaki

Dados Internacionais de Catalogação na Publicação (CIP)
(Câmara Brasileira do Livro, SP, Brasil)

Silva, Franklin Leopoldo e
    O outro / Franklin Leopoldo e Silva. – São Paulo : Editora WMF Martins Fontes, 2012. – (Filosofias : o prazer do pensar / dirigida por Marilena Chaui e Juvenal Savian Filho)

    ISBN 978-85-7827-484-9

    1. Ensaios brasileiros 2. Filosofia I. Chaui, Marilena. II. Savian Filho, Juvenal. III. Título. IV. Série.

11-11755   CDD-102

Índices para catálogo sistemático:
1. Ensaios filosóficos   102

Todos os direitos desta edição reservados à
Editora WMF Martins Fontes Ltda.
Rua Prof. Laerte Ramos de Carvalho, 133   01325.030 São Paulo SP Brasil
Tel. (11) 3293.8150 e-mail: info@wmfmartinsfontes.com.br
http://www.wmfmartinsfontes.com.br

SUMÁRIO

Apresentação • 7
Introdução • 9

1 O mesmo e o outro: a articulação • 13
2 Deus como o outro absoluto • 18
3 Subjetividade e intersubjetividade • 23
4 Conclusão • 35

Ouvindo os textos • 43
Exercitando a reflexão • 50
Dicas de viagem • 56
Leituras recomendadas • 59

APRESENTAÇÃO
Marilena Chaui e Juvenal Savian Filho

O exercício do pensamento é algo muito prazeroso, e é com essa convicção que convidamos você a viajar conosco pelas reflexões de cada um dos volumes da coleção *Filosofias: o prazer do pensar*.

Atualmente, fala-se sempre que os exercícios físicos dão muito prazer. Quando o corpo está bem treinado, ele não apenas se sente bem com os exercícios, mas tem necessidade de continuar a repeti-los sempre. Nossa experiência é a mesma com o pensamento: uma vez habituados a refletir, nossa mente tem prazer em exercitar-se e quer expandir-se sempre mais. E com a vantagem de que o pensamento não é apenas uma atividade mental, mas envolve também o corpo. É o ser humano inteiro que reflete e tem o prazer do pensamento!

Essa é a experiência que desejamos partilhar com nossos leitores. Cada um dos volumes desta coleção foi concebido para auxiliá-lo a exercitar o seu pensar. Os temas foram cuidadosamente selecionados para abordar os tópicos mais importantes da reflexão filosófica atual, sempre conectados com a história do pensamento.

Assim, a coleção destina-se tanto àqueles que desejam iniciar-se nos caminhos das diferentes filosofias como àqueles que já estão habituados a eles e querem continuar o exercício da reflexão. E falamos de "filosofias", no plural, pois não há apenas uma forma de pensamento. Pelo contrário, há um caleidoscópio de cores filosóficas muito diferentes e intensas.

Ao mesmo tempo, esses volumes são também um material rico para o uso de professores e estudantes de Filosofia, pois estão inteiramente de acordo com as orientações curriculares do Ministério da Educação para o Ensino Médio e com as expectativas dos cursos básicos de Filosofia para as faculdades brasileiras. Os autores são especialistas reconhecidos em suas áreas, criativos e perspicazes, inteiramente preparados para os objetivos dessa viagem pelo país multifacetado das filosofias.

Seja bem-vindo e boa viagem!

INTRODUÇÃO

Por vezes surge, em nossas conversas informais ou em comunicações formais, a discordância acerca do reconhecimento de uma coisa ou de uma pessoa. Dizemos: "é o mesmo"; nosso interlocutor diz: "é outro". Esse objeto, que há muitos anos não via, parece-me o mesmo e eu o identifico com aquele que encontrei tempos atrás. Mas alguém que passou pela mesma experiência contesta: trata-se de outro, pois é diferente daquele que estava aqui. Mas também podemos discordar de nós mesmos ou duvidar do nosso reconhecimento: quando encontro uma pessoa que não vejo há muito tempo, passo por um momento de hesitação: será ela mesma? Não estarei confundindo com outra pessoa?

Nesses exemplos, podemos assinalar certos termos que indicam a presença de uma *questão*: mesmo, outro, identidade, tempo, diferença, reconhecimento. Quando refletimos um pouco sobre o modo como empregamos essas palavras, percebemos que elas traduzem critérios por meio dos quais estabelecemos relações em nossa vida cotidiana. É importante saber se estou diante do mesmo objeto encontrado antes e, portanto, já conhecido, ou se deparo com outra coisa, ainda desconhecida; se de fato reconheço alguém que já vi ou se há possibilidade de ser outra pessoa. Adotarei, em cada caso, comportamentos diferentes.

Tratando-se do mesmo objeto ou da mesma pessoa, procedo a um reconhecimento, com base numa relação de identidade entre o que já vi e o que vejo agora. Percebo que o que vejo é igual ao que já vi antes, e essa percepção mostra-se um aspecto relevante da relação que estabeleço com o objeto ou a pessoa. Se for algo que me aparece pela primeira vez e que não se reporta a nenhuma imagem que me permita dizer que "é igual", então é preciso conhecer, no sentido de assimilar algo até então desconhecido.

Ora, se tudo se passasse sempre dessa maneira, a relação entre o mesmo e o outro não seria, afinal, um grande problema, já que poderíamos distinguir com razoável clareza as duas situações e proceder de modo adequado a cada uma. A questão é um pouco mais complicada porque, via de regra, tudo se apresenta como sendo o mesmo e como sendo outro, como idêntico e como diferente. Tanto é assim que, muitas vezes, para resolver a discordância mencionada no exemplo inicial, apresento ao meu interlocutor os aspectos que me levam a afirmar que se trata do mesmo, e ele, por sua vez, me informa acerca dos aspectos que lhe permitem considerar que se trata de outro. Isso se deve a que, de um lado, entre as coisas que percebemos, há, quase sempre, pontos comuns e diferenças; de outro lado, verificamos que as coisas mudam, isto é, tornam-se diferentes, sem deixar de conservar algo de si ao longo dessas transformações. É como se não pudéssemos dizer, de modo definitivo, nem que a realidade muda, nem que ela permanece. Surge assim a dificuldade para estabelecer uma relação entre situações que parecem completamente contrárias uma à outra.

Vimos que a questão abrange coisas e pessoas, isto é, o conhecimento da natureza na forma da relação sujeito/objeto e os vínculos entre os seres humanos – ou, se quisermos, entre os sujeitos. O segundo aspecto é particularmente relevante porque, ao longo da história da Filosofia, a compreensão da relação entre os seres humanos mostra-se mais difícil e mais complexa do que o entendimento daquelas que são explicadas nas ciências naturais e exatas visando o conhecimento objetivo. No que concerne a essa dificuldade, merece atenção especial a função do *tempo*, porque coisas e pessoas mudam conforme decorre o tempo de existência. Por vezes chegamos mesmo a duvidar de qualquer núcleo ou aspecto permanente que pudesse fazer as vezes de um fator de identificação ao longo desse trajeto que chamamos de temporalidade e cujo limite seria o desaparecimento, a morte, o deixar de ser, isto é, a alteridade como completa oposição.

1. O mesmo e o outro: a articulação

Como ocorre em quase todas as questões de que a Filosofia se ocupa, os pensadores gregos foram os primeiros a encontrar motivo de perplexidade na relação entre o mesmo e o outro. A princípio, duas posições absolutamente contrárias traduziram o impasse: de um lado, a afirmação absoluta do ser, necessariamente sempre o mesmo, sem nenhuma alteração (Parmênides, c. 530-460 a.C.); de outro, a afirmação da mudança, da transformação e da instabilidade de tudo que existe (Heráclito, c. 540-470 a.C.). Percebe-se a ênfase, no primeiro caso, na identidade do ser, e, no segundo, no fato de que tudo que *é* torna-se outro. O problema que os sucessores desses primeiros filósofos tiveram de enfrentar consistia no fato de que, como já dissemos, a experiência da percepção e do pensamento indica que, de algum modo, as duas perspectivas, embora antagônicas, estão presentes no nosso contato com o mundo.

Foi preciso então, como fez Platão (428-348 a.C.), não apenas fixar-se no mesmo como garantia da verdade, mas também pensar o estatuto do outro, isto é, o tipo de realidade relacionado com a diferença. Essa polaridade apresenta-se de modo mais intenso na relação que constitui, por excelência, o antagonismo dos contrários: o verdadeiro e o falso.

Como ocorreu em um dos diálogos escritos por Platão, suponhamos que o filósofo diz a verdade e que o sofista diz o falso. Poderemos, então, definir o discurso do filósofo como verdadeiro, entendendo-o como real e como expressão da realidade. Mas o que diremos do discurso do sofista? Por ser falso, será inexistente? Assim seria no caso da afirmação eterna e necessária do ser na sua imutabilidade, pois seu contrário só poderia acontecer como a negação do ser. Mas o discurso do sofista está aí, e é convincente para muitos. Será, pois, tão real quanto o discurso verdadeiro? Mas, nesse caso, não teríamos de afirmar o contrário do ser, quer dizer, a existência do não-ser?

Essa questão delicada, posta pela relação entre o filósofo e seu outro, o sofista, abala profundamente a tranquilidade lógica com que se afirmava o ser. Será preciso *articular* a oposição para que o conhecimento possa superar aquilo que aparece a princípio como contradição. Articular significa: preservando aquilo que faz com que algo seja ele mesmo, encontrar, todavia, o modo de apreendê-lo como outro, de maneira que o lugar da diferença não faça desaparecer a identidade. Assim, torna-se possível entender a mudança e a aparência, além da identidade e da realidade. Posso, então, me situar na multiplicidade das imagens sem perder de vista a unidade da realidade em si mesma. Quando dizemos: "isto é uma imagem", queremos dizer que a imagem é, ou existe. Toda a questão está em entender esse modo de existência. A fala do sofista é produtora de imagens, e seu elemento é a multiplicidade; ele não volta seu pensamento para a unidade, e, nesse sentido, diz o falso. O filósofo, por sua vez, considera as imagens e a multiplicidade das aparências, mas seu objetivo é atingir a unidade, isto é, a essência ou a realidade. Para o sofista, a realidade é sempre outra; para o filósofo, essa multiplicidade de outros deve ser questionada como forma de busca da unidade do mesmo.

A experiência imediata é a do movimento e da mudança. Se nos ativermos a este mundo percebido, a transitoriedade e o caráter efêmero das coisas impõem-se com muita força. Ora, se o que percebemos e o que podemos afirmar variam a cada instante, como definir a verdade? Será ela relativa a cada um desses momentos e tão instável como as qualidades passageiras? Seu âmbito será esse contínuo movimento da presença à ausência – do mesmo ao outro – que parece característico da relação humana com as coisas? Assim seria se a realidade fosse apenas e tão somente aquilo que nos aparece ou que nos afeta transitoriamente. Mas, se pudermos transportar-nos além das aparências e além do esgotamento temporal de todas as coisas, poderemos, segundo Platão, encontrar a verdade como essência, isto é, como a permanência do ser. Ao pensar em outra instância aquilo que é percebido no mundo sensível, veremos, então, que a realidade em si mesma permanece de modo absoluto e que tudo aquilo que vem a ser e vem a desaparecer diante de nós, na experiência imediata, é relativo a formas inteligíveis, sempre idênticas a si mesmas. A realidade das coisas relativas provém de sua participação no absoluto. Por isso, as diferenças, as oposições e a instabilidade que povoam o mundo em que vivemos possuem algum grau de realidade e verdade na medida em que participam do ser em sentido pleno.

Assim deve ser tendo-se em vista que Ser e Verdade não comportam o outro de si mesmos, mas apenas as variações aparentes da unidade e da identidade.

2. Deus como o outro absoluto

A identidade está profundamente relacionada com o Eu ou a consciência de si. Somos levados a supor que a permanência do mesmo ocorre de forma privilegiada nesse patamar da personalidade; daí a oposição habitual entre o Eu e o outro. Seja para afirmar a proximidade ou para assinalar a distância, seja para marcar a afinidade ou o antagonismo, a relação entre o Eu e o outro tem sido, ao longo da História, um exemplo característico. Contudo, é possível encontrar casos em que a busca da identidade, como conhecimento de si, é ao mesmo tempo a tentativa de conhecer o outro.

Assim vemos, nas *Confissões* de Santo Agostinho (354-430), um itinerário para Deus que é também uma trajetória em que o indivíduo vai ao encontro de si. Enquanto a busca de Deus e de si mesmo ocorre na exterioridade (em tudo o que é exterior à pessoa), o ser humano vaga, perdido, ao sabor das circunstâncias.

Quando se volta para si (para a sua interioridade), o ser humano encontra Deus na própria alma: é a conversão. Trata-se, portanto, inseparavelmente, de um encontro de si e de um encontro de Deus, e a razão disso está em que Deus habita no mais profundo da alma. É na interioridade que se podem encontrar Deus e a si mesmo, renunciando aos simulacros que o mundo exterior oferece.

Entre mim e Deus, no entanto, a relação é de alteridade. Não pode haver maior oposição do que aquela existente entre a criatura finita e o ser infinito. Pode-se dizer, então, que, em relação ao Eu, Deus é absolutamente o Outro. Como explicar, a partir dessa distância e dessa diferença, a convergência da busca de si e da busca de Deus? Como as duas perguntas – "quem sou eu?" e "quem é Deus?" – podem estar tão afastadas e ao mesmo tempo tão próximas? A razão dessa verdade paradoxal reside na identidade da criatura. Com efeito, não posso responder à questão "quem sou eu?" sem me referir a Deus, que, como criador, é a causa e a razão da minha existência. Disso decorre que, ao procurar minha identidade somente em mim, encontro sempre uma resposta insuficiente. Como provenho de Deus, minha identidade me transcende na direção desse outro absoluto, e nele se realiza de modo completo, por ser Ele causa e razão de meu ser. Só me encontro verdadeiramente encontrando a Deus, porque minha identidade está nele. A distância que me separa de Deus é também aquilo que me aproxima dele, e a compreensão desse paradoxo, tanto quanto seja possível, passa pelo Amor, que faz com que Deus, transcendendo-me infinitamente, esteja, no entanto, presente no mais íntimo do meu ser. Alteridade e intimidade se associam, e até mesmo se confundem, pelo Amor.

O fato de que tanto o que sou como o que posso saber de mim somente se completem no encontro do outro que é Deus repete-se na filosofia de René Descartes (1596-1650). Depois que a dúvida universal (a dúvida estendida metodicamente a todos os campos do saber) o faz encontrar a verdade indubitável acerca da própria existência ("penso, logo existo"), a tarefa do filósofo foi a de investigar se alguma outra existência poderia ser afirmada com a mesma evidência e certeza. Examinando as representações que povoam a consciência, Descartes encontrou a ideia de infinito, que possui a peculiaridade de ser maior do que a própria mente que a pensa, e que, portanto, não poderia ter sido produzida pela consciência de um ser finito. Por consequência, tal ideia só pode remeter a uma causa igualmente infinita, o ser que ela representa – Deus –, cuja existência é demonstrada assim necessariamente.

É interessante observar que, na sequência da constatação da própria existência, o filósofo não depara com a existência de outras consciências, seres pensantes também, com os quais partilharia a condição finita, mas encontra diretamente a Deus, o outro absoluto, ser infinito. A razão desse salto para o infinito é que somente a representação do ser infinito na consciência remete com necessidade à realidade desse ser em si mesmo. Todas as outras representações, por se situarem no âmbito da finitude, *podem* remeter às suas respectivas realidades, mas essa correspondência não é desde logo necessária porque existe a possibilidade de que eu mesmo, ser finito, as tenha criado, uma vez que elas são compatíveis comigo em grandeza. Entre essas estão as representações de outros seres pensantes e aí está a razão de que não chego a Deus passando pelos outros, mas posso chegar aos outros depois de provar a existência de Deus, o Outro absoluto e necessariamente existente. Na ordem da lógica de Descartes, o Outro que é Deus vem antes do outro que seria outro Eu.

Essa necessidade de passar do Eu finito ao Outro infinito atende a exigências relativas à garantia da verdade: esta, embora encontrada pelo sujeito no exame das suas representações, somente se torna objetiva e absoluta na dependência de um ser que é posto como anterior e acima da subjetividade finita. Diferentemente de Santo Agostinho, com Descartes não encontramos em nós a presença efetiva de Deus, mas a sua ideia, que o filósofo define como a marca de Deus em nós, o sinal que Deus deixa em nossa alma para que possamos encontrá-lo, e esse sinal é mais claro do que a representação de outros seres com os quais compartilharíamos a mesma natureza.

A reflexão, isto é, a busca metódica da certeza no âmbito da própria mente, leva-nos a encontrar com total evidência a existência do Eu. Entretanto, por ser a reflexão a exploração da dimensão subjetiva, ela não pode obter a mesma certeza no que concerne à existência do outro. Sou imanente a mim mesmo, mas sou estranho ao outro, no sentido de que não tenho acesso direto à sua consciência.

3. Subjetividade e intersubjetividade

A dificuldade que mencionamos anteriormente constitui o problema da intersubjetividade. Uma filosofia que elege o sujeito como centro de referência da teoria e da prática não pode facilmente passar da singularidade do Eu à pluralidade do Nós, isto é, não pode senão postular a presença de outros sujeitos porque o conhecimento subjetivo restringe-se ao Eu do sujeito que conhece. Com efeito, não posso habitar a consciência do outro da mesma maneira que habito a minha. Nesse sentido, se a certeza relativa à própria consciência for o único ponto de partida, o sujeito corre o risco de permanecer encerrado nessa representação originária, absolutamente certo de si mesmo, mas também prisioneiro dessa certeza. Essa situação recebeu, na Filosofia, a denominação de *solipsismo*. A proximidade imediata do sujeito a si mesmo acarreta a distância, talvez intransponível, entre ele e o outro.

Quando a filosofia contemporânea afirma, numa de suas vertentes mais importantes que é o existencialismo, a precedência da existência em relação à essência, isto é, uma inversão da perspectiva tradicional, esse quadro tende a ser visto de outra maneira. Na filosofia de Descartes, o sujeito se conhece de modo certo e evidente quando a reflexão atinge um atributo que não pode de forma alguma ser separado do sujeito, constituindo, por isso, a sua essência, aquilo que o define e determina. Numa filosofia existencialista como a de Jean-Paul Sartre (1905-1980), não se concebe nenhuma essência prévia, mas parte-se da existência, a princípio indeterminada; e, no decorrer dessa existência, o próprio sujeito, por meio de sua liberdade, definir-se-á a partir de projetos que formula para si mesmo. Para que o sujeito possa de fato escolher o caminho entre as múltiplas possibilidades que se apresentam, é preciso que a liberdade seja total: é preciso que a subjetividade seja igual à liberdade.

Quando, porém, o ponto de partida é a existência e não a essência, o sujeito continua ainda às voltas com ele mesmo, e de um modo mais difícil, porque não pode contar com uma identidade previamente afirmada: tem de construí-la ao longo do processo existencial, isto é, da sua história. Não há um "si mesmo" dado no início; trata-se de algo a ser alcançado, realizado na existência. Nessa trajetória, que deveria ser de autorrealização, o sujeito depara com a existência de outros, ou seja, de outras liberdades, de outros projetos, de outras intenções que procuram, igualmente, realizar-se. Não é difícil entender como se relacionam dois objetos determinados, por exemplo, dois fenômenos naturais. Mas é quase impossível compreender como se podem relacionar dois sujeitos livres, porque a liberdade, quando é absoluta, tende a uma expansão indefinida, em princípio incompatível com o fato de que ela teria de ser limitada por outra liberdade. Tomemos um exemplo célebre, a relação entre o senhor e o escravo. A liberdade do senhor existe na medida da submissão do escravo; o senhor se afirma como livre na proporção em que o escravo não o é. Se não tenho o escravo, perco a minha condição de senhor.

No limite, se a subjetividade é liberdade e se esta é absoluta, como afirma o existencialismo de Sartre, então só poderia haver um único sujeito livre; todos os outros seriam objetos sobre os quais esse sujeito exerceria sua liberdade. Assim surge, nesse contexto, o problema da intersubjetividade: a única possibilidade de estabelecer relação com o outro é tomá-lo como objeto; a relação verdadeiramente intersubjetiva (entre sujeitos) seria impossível. Na relação que o outro mantém comigo, a sua liberdade se afirma à medida que a minha se anula: o outro tende a me determinar, fazendo de mim um objeto, o que significa a paralisação de meu processo existencial numa imagem definitiva. O outro me constitui e me define atribuindo-me de fato uma essência que, de direito, não possuo.

Observe-se que, embora o pensamento de Sartre se oponha ao de Descartes na exata medida em que o ponto de partida na existência opõe-se ao ponto de partida na essência, ambos têm em comum o sujeito como origem da reflexão; ambos confiam na segurança oferecida pelo princípio da subjetividade, embora o entendam de modo diverso. O que poderia nos levar a pensar que adotar o sujeito (o Eu) como princípio equivale a optar pelo solipsismo.

Do fato de que o Eu não possui essência que o determine decorre ainda outra consequência: não tenho como assegurar a permanência do Eu no processo de existência, isto é, na sucessão das escolhas e dos projetos por meio dos quais tento me constituir a mim mesmo. Dito de outra maneira, a falta de uma determinação essencial faz com que o sujeito jamais esteja "em si", mas sempre projetado para fora, na direção do que virá a ser – *para si*. Isso equivale a dizer que o sujeito (o que seria "ele mesmo") está sempre em vias de se transformar em outro. Assim, cada um não depara apenas com os outros, mas cada sujeito se vê, a cada momento, diante do outro que está para se tornar.

Essa instabilidade do processo existencial é decorrência da identificação entre subjetividade e liberdade. Como somos o que fazemos de nós mesmos, ou o que fazemos com o que fazem de nós, cada determinação que assumimos, cada definição que damos de nós mesmos é relativa ao tempo e à situação vivida: a situação pode mudar, assim como as significações que atribuímos aos fatos e pessoas que constituem a nossa experiência. Transformamos a nós mesmos quando interiorizamos o que está fora de nós; e transformamos o mundo, ao menos na sua significação, quando exteriorizamos nossos desejos e nossos projetos. O sujeito é uma contínua construção que depende, sempre e ao mesmo tempo, dele e dos outros; por isso ele é sempre outro, puro processo, e nunca algo consolidado.

A ideia de que o sujeito é uma construção, uma tarefa existencial que porventura nunca chegará ao fim, está presente no pensamento de Paul Ricoeur (1913-2005). E o requisito para que tal tarefa seja assumida autenticamente é a exclusão dos pressupostos de identidade e de totalidade. O sujeito nunca *é* idêntico a si mesmo, mas constantemente *vem a ser*, como uma existência narrada para si e que se constitui nessa trajetória diferenciada. O sujeito nunca se constituirá totalmente como realidade fechada em si mesma, porque a subjetividade não é mais do que a ação de tornar-se sujeito, constantemente reiterada. E a alteridade faz parte desse processo, porque a ação de tornar-se sujeito inclui a constante *alteração* de si e nunca a repetição do mesmo. Nesse sentido, o tempo e a história não são acidentais: subjetividade, temporalidade e historicidade não se separam e não há nenhum predicado capaz de definir o sujeito definitivamente, porque o seu *ser* consiste num contínuo *fazer-se*. Fica assim também excluída a estabilidade que, por vezes, se pensou como inerente ao "si mesmo"; por outro lado, não se deve entender a instabilidade como uma categoria definidora: ela é o modo pelo qual o sujeito faz a experiência de si, a vida subjetiva.

A noção de experiência é chave importante para a compreensão do processo de tornar-se sujeito. A reunião de *experiência* e *subjetividade* permite, de um lado, conferir à noção de experiência uma dimensão maior do que a relação objetiva com o mundo: experiência significa aquilo que se é, e não apenas aquilo que se faz. Por outro lado, a associação de subjetividade com experiência nos leva a considerar o caráter dinâmico da noção de sujeito: não se trata de uma *entidade* metafísica, formal ou mesmo psicológica, mas do modo de ser da realidade humana considerada como existência. Essa existência, em seu caráter processual, é contínua alteração de si, constante constituição de si: passagem ao outro, que faz com que o sujeito se reconheça *no tempo* e não *apesar do tempo*. É preciso também entender que o sujeito faz-se outro em função dos outros, isto é, o processo de tornar-se sujeito é vivido em regime de intersubjetividade, e a experiência subjetiva é sempre experiência intersubjetiva. As relações humanas são constitutivas: o que venho a ser depende do modo como vivo com os outros, do modo como a experiência se desdobra em amor, amizade, conflitos e divergências. Assim, se quisermos continuar a dizer que o sujeito é *ponto de partida*, teremos de aceitar que esse ponto de partida acontece a cada momento, na sucessão do processo de reconhecimento inseparável da temporalidade.

O ponto de partida pode, entretanto, ser pensado de outra maneira. A segurança que o sujeito oferece deriva de que a certeza acerca de si seria a mais imediata, porque, por mais problemático que seja o vínculo com as coisas exteriores, a coincidência de cada sujeito com ele mesmo parece óbvia. No entanto, se abandonarmos a busca desse tipo de certeza e concedermos prioridade à relação com o outro, tomando-a como ponto de partida, a presença do outro assume o caráter primordial que antes se atribuía a si mesmo. Parto, então, do fato de que estou sempre em presença do outro, e isso é originário e inevitável: o outro está *sempre* diante de mim, e essa presença é tão forte que me constitui. O outro está antes do Eu.

Essa perspectiva, que é a de Emmanuel Lévinas (1906-1995), não apenas provoca uma significativa inversão, questionando a prerrogativa do Eu na Modernidade, como também modifica profundamente o teor da relação que era vista como a mais importante, a do sujeito consigo mesmo, passando a considerar que a relação intersubjetiva é a mais relevante e, mais do que isso, que, nessa relação, é o outro, e não o Eu, que desempenha o papel principal. Em outras palavras, o princípio metafísico da identidade é substituído pelo princípio ético da alteridade.

Essa alteração do princípio deixa em plano secundário o problema teórico do Outro, isto é, a demonstração de sua existência, sempre necessariamente posterior à demonstração de minha existência. Não é preciso que a presença do outro seja uma evidência; basta que ela seja uma certeza vivida e, mais do que isso, algo que devo assumir para dar sentido à minha própria existência. O espanto inicial que Descartes teve ao perceber em si a ideia do Deus infinito deu imediatamente lugar ao exame racional do conteúdo e da proveniência dessa ideia, com a finalidade de entender sua presença em mim. Mas podemos também sentir, diante da presença de outro ser finito, a perplexidade diante daquilo que não podemos explicar inteiramente, mas que é, ao mesmo tempo, a força que me constitui ao fazer-me ser na relação com ele. Note-se que substituir o ponto de partida no Eu pelo caráter originário da relação com o outro não torna a questão mais fácil de ser resolvida. A presença do outro mantém-se indecifrável do ponto de vista teórico. O que muda é a significação do princípio, que agora é visto no caráter imediato da relação e na força com que ela se impõe. É esse o significado do princípio *ético* de alteridade. Não se trata de conhecer o outro; trata-se de viver por ele e, também, de morrer por ele.

Essa modificação conduz a outra de grande alcance. Como, desde o princípio, o Eu está constituído pelo outro, o mais importante não é a liberdade exercida absolutamente e que encontra o outro como um obstáculo que poderia ser vencido pelo procedimento de objetivação do outro sujeito. Pelo contrário, a prioridade do outro faz com que a responsabilidade por ele, que assumo como decorrência de sua simples presença, seja o critério mais relevante de conduta. Assim, a responsabilidade não decorre da liberdade, como no existencialismo, mas a liberdade decorre da responsabilidade, pois, acerca de tudo que posso fazer, devo considerar em primeiro lugar se minha ação atende à exigência de responsabilidade para com o outro. Exigência tão radical que dispensa a reciprocidade: não me responsabilizo pelo outro esperando que ele faça o mesmo por mim; responsabilizo-me por ele como dever ético absoluto.

Compreender que o outro é referência da vida moral e princípio orientador da existência incide profundamente sobre o entendimento da condição humana. Já não é a reflexão, no sentido do retorno do sujeito a si mesmo, que fornecerá os parâmetros fundamentais do conhecimento do homem. Trata-se, agora, de uma abertura àquele que não sou eu e, no limite, de uma renúncia ao Eu como polo irradiador de valores. Não é a consciência de si que dá sentido ao mundo, mas a consciência do outro que constitui o critério diretor da existência de cada sujeito, que se forma em sua integridade não apenas em relação ao outro, mas em virtude da existência do outro.

O alcance da transformação implicada nessa perspectiva mostra-se em toda a sua amplitude quando consideramos que esse *outro* não é, de forma alguma, o próximo e o familiar, mas o estranho que devo esforçar-me para compreender. Não devo esperar que o outro seja à minha imagem e semelhança. Assim, não é a lógica nem a metafísica que nos conduzem a uma universalidade efetiva, mas o caráter primordial da relação ética. O racionalismo moral, quando aspira à universalidade, de modo geral o faz em nome da ideia de humanidade, como em Immanuel Kant (1724-1804): os critérios orientadores de minhas ações devem poder ser vistos como universais, pois, do contrário, os motivos de agir seriam do âmbito do interesse próprio; assim, todo homem deve ser visto como fim e jamais como meio. Mas a universalidade formal da ideia não sustenta a efetiva relação com o outro; pode apenas fornecer uma lógica da ação. A universalidade real aparece, segundo Lévinas, na *face* do outro, isto é, na presença concreta daquele que é a razão de minha existência no plano ético.

4. Conclusão

A questão do outro é um grande testemunho de que a Filosofia não deve ser vista como um exercício teórico separado do mundo. Vimos que, desde o início, em Platão, o problema se impõe, desafiando as prerrogativas de um racionalismo formal, porque nos coloca diante de uma realidade incontornável. Assim, é necessário vincular a questão da alteridade às situações concretas em que ela é vivenciada e a partir das quais pode se tornar objeto de reflexão. Por exemplo, qual a relação que se pode estabelecer entre indivíduo e comunidade? O indivíduo se define pelos laços comunitários que constituem o lastro da singularidade ou a comunidade se define pela reunião de indivíduos movidos pela necessidade de estabelecer vínculos institucionais e jurídicos próprios da vida social?

Se entendermos que a realidade humana se define pelo princípio da individualidade, e que a organização social deriva de necessidades pragmáticas que jamais poderão superar o direito natural do indivíduo a afirmar-se em si mesmo, então teremos de considerar a intersubjetividade concretamente vivida como uma rede de ligações extrínsecas reguladas institucionalmente. A relação com o outro se encerra na dimensão da sociabilidade estabelecida por acordo ou por contrato. A solidariedade torna-se uma questão de regras de conveniência. As sociedades modernas, frutos das teorias políticas liberais clássicas, atendem a esse perfil.

Se concordarmos que o indivíduo se define pela comunidade à qual está organicamente vinculado e que o sentido da existência singular é inseparável do contexto comunitário que o produz e o sustenta, então poderemos entender que os vínculos intersubjetivos são intrínsecos e são vividos como dimensão essencial da realidade humana. A relação com o outro possui a densidade e a força dos princípios necessariamente vistos como requisitos primordiais da existência, a tal ponto que o indivíduo autossuficiente seria uma abstração. As normas de sociabilidade seriam apenas, no limite, regulações *a posteriori* de uma condição originária. A *pólis* grega e a civilização cristã medieval poderiam ser os exemplos.

Essa alternativa não nos obriga a perguntar se o ser humano é, *por natureza*, inclinado à preservação da individualidade ou à vida em comunidade. Mas é necessário refletir acerca do estatuto das relações entre as pessoas, já que a dimensão coletiva é um dado de experiência, isto é, vivemos em coletividades organizadas, quer sejamos individualistas ou adeptos do princípio comunitário. Como essas relações acontecem, desde o nível privado e pessoal até a dimensão social e política? Como são vividas, se consideramos que a vida em comum é secundária e convencional, ou se entendemos que a relação com os outros é basicamente necessária?

Na verdade, se entendermos que seria necessário superar a oposição Eu/outro, isto é, o solipsismo ou a relação como condição de origem, então talvez devêssemos perguntar por aquilo que de fato compartilhamos e também por aquilo que nos separa desde a consciência mais obscura da existência. Talvez venhamos a descobrir, assim, que, a princípio, não estamos nem sós, nem numa comunidade já formada, mas que nosso modo de ser no mundo envolve ambas as possibilidades, e que tanto a solidão quanto a vida em comum estão de algum modo presentes, imbricadas uma na outra, nos primórdios da existência, num momento em que a reflexão ainda não elaborou a dicotomia entre ser-em-si e ser-com-os-outros. O pensador Maurice Merleau-Ponty (1908-1961) assinala que, antes de constituir o outro, eu o vivo e ele vive em mim, de um modo totalmente aquém da relação sujeito-objeto. Antes de ser o polo de uma relação objetiva, o mundo é a minha experiência do mundo. E o outro não o habita de modo objetivo desde o princípio: a minha experiência do mundo é a minha experiência do outro. Quando Descartes olha pela janela e vê "capas e chapéus" que apenas provavelmente podem ser tomadas como outros sujeitos, temos de concordar, porque, nesse nível objetivo, não há mesmo como visar o outro. Objetivamente, o solipsismo não é refutável; mas, também, não se trata de refutá-lo; não é preciso saber se estou diante de um autômato ou de um espírito, assim como não é necessário provar que existe um mundo além de toda experiência de percepção. Não estou interessado em distinguir um espírito de um autômato, mas em compreender a vivência de uma situação que me coloca diante de uma outra consciência encarnada.

A existência do outro não é representada por analogia com a minha própria existência porque, nesta, não sobra transparência que possa ser atribuída ao outro; na verdade, falta em mim a transparência do inteligível, já que o que me constitui também é a inevitável opacidade do corpo. E, assim como não sou puro espírito, mas um conjunto de gestos e comportamentos em que se dá a experiência de existir, também o outro é captado como esses gestos e comportamentos dos quais não faço a experiência, mas que fazem parte da minha experiência. Sei da existência do outro porque a objetividade não é a única forma de contato com o que existe além de mim. É preciso reconhecer uma obviedade: a intersubjetividade é diferente da objetividade. Nesse sentido, a experiência intersubjetiva não consiste em objetivar o outro; se a intersubjetividade é uma dimensão própria da existência, então é na interface das experiências subjetivas que reconhecemos a alteridade: o *outro eu* não é um paradoxo porque ele já lá está desde sempre, uma vez que não constituímos a intersubjetividade, mas ela nos constitui.

A natureza pensante do sujeito somente se isola no fundo de si mesmo se entendermos que a certeza subjetiva traz consigo a incomunicabilidade como a sua condição. Mas, se essa certeza é a da existência (que a indubitabilidade do pensamento revela a Descartes), então teremos de convir que o "eu sou" traduz o mundo em que o sujeito existe. Se esse mundo está simplesmente posto diante do sujeito como objeto, então os outros também são objetos. Mas, se se trata do mundo em que o sujeito existe, a existência dos outros será uma experiência antes de ser um dado objetivo. Assim, *ser no mundo* é, muito simplesmente, escapar do solipsismo, que só é afirmado como condição inevitável se o sujeito intui sua existência fora do mundo. A intersubjetividade é a revelação recíproca dos sujeitos uns aos outros, que ocorre simplesmente por existirem num mundo comum. E, na medida em que esse mundo comum é a condição pré-reflexiva da existência, a relação intersubjetiva é originária.

Isso não significa que as consciências estão sempre abertas umas às outras, em permanente comunicação. Posso sentir no olhar do outro a distância que ele toma de mim; posso entrever no seu silêncio um mundo a que não tenho acesso. Mas, mesmo nessas condições, faço a experiência da ausência de uma comunicação que seria, em todo caso, possível. A não comunicação é uma forma de comunicação; o silêncio não é a impossibilidade da fala, mas a sua recusa. No universo humano, a incomunicabilidade ocorre sobre o fundo da possibilidade de comunicar, porque a intersubjetividade é a estrutura da existência. Quando vejo o outro como estranho e longínquo, essa constatação é a contrapartida de outra possibilidade, a de conhecê-lo e amá-lo, compartilhar efetivamente o mundo em que vivemos.

Em suma, assim como se concebe contemporaneamente que o sujeito não é uma entidade pronta e acabada, porque a subjetividade não é um dom metafísico, mas algo a ser realizado, assim também a intersubjetividade torna-se real quando a construímos no processo existencial, social e histórico, em meio a toda sorte de obstáculos e decepções.

OUVINDO OS TEXTOS

Texto 1. Platão (428-348 a.C.), *O ser e o outro*

[Fala da personagem chamada *Estrangeiro de Eleia*:]
Quanto ao que acabamos de afirmar a respeito do não--ser, ou nos prove alguém que tudo aquilo está errado, ou, enquanto não puder fazê-lo, diga conosco que os gêneros se misturam uns com os outros e o ser e o outro penetram em todos e se interpenetram reciprocamente, e que o outro, por participar do ser, existe pelo próprio fato dessa participação, sem ser aquilo de que participa, porém outro, e por ser outro que não o ser, é mais que evidente que terá de ser não-ser. Por sua vez o ser, por participar do outro, torna-se um gênero diferente dos outros gêneros, e por ser diferente de todos, não será nem cada um em particular, nem todos em conjunto, mas apenas ele mesmo. A esse modo, não é possível absolutamente contestar que há milhares e milhares de coisas que o ser não é, e que os outros, por sua vez, ou

isoladamente ou considerados em conjunto, de muitas maneiras são, como de muitas maneiras também não são.

PLATÃO. "Sofista" 259a-b. In: *Diálogos*. Trad. Carlos Alberto Nunes. Belém: Universidade Federal do Pará, 1980, vol. X, p. 87.

Texto 2. Santo Agostinho (354-430), *Como invocar a Deus?*

[Fala de Santo Agostinho dirigida a Deus:]
Por conseguinte eu não existiria, meu Deus; de modo nenhum existiria, se não estivésseis em mim. Ou antes, existiria eu se não estivesse em Vós "de quem, por quem e em quem todas as coisas subsistem?". Assim é, Senhor, assim é. Para onde vos hei de chamar se existo em Vós? Ou donde podereis vir até mim? Para que lugar, fora do céu e da terra, me retirarei, a fim de que venha depois a mim o meu Deus, que disse: "Encho o céu e a terra?"
[...]
[Fala de Santo Agostinho sobre Deus:]
Por que andar de contínuo por caminhos difíceis e trabalhosos? Não há descanso onde o procurais. Procurais a vida feliz na região da morte: não está lá. Como en-

contrar vida feliz onde nem sequer vida existe? [...] Fugiu dos nossos olhos para que entremos no coração e aí O encontremos. Sim, separou-se de nós com relutância, mas ei-Lo aqui. Não quis estar conosco muito tempo, mas não nos abandonou. Arrancou-se de onde nunca se retirou.

SANTO AGOSTINHO. *Confissões* (I, 2; IV, 12). Trad. Oliveira Santos e Ambrósio de Pina. São Paulo: Nova Cultural, 1987, pp. 10 e 63.

Texto 3. René Descartes (1596-1650), *Prova da existência de Deus pela ideia do infinito*

Portanto, resta tão somente a ideia de Deus, na qual é preciso considerar se há algo que não possa ter provindo de mim mesmo? Pelo nome de Deus entendo uma substância infinita, eterna, imutável, independente, onisciente, onipotente e pela qual eu próprio e todas as coisas que são (se é verdade que há coisas que existem) foram criadas e produzidas. Ora, essas vantagens são tão grandes e tão eminentes que, quanto mais atentamente as considero, menos me persuado de que essa ideia possa tirar sua origem de mim tão somente. E, por conseguinte, é preciso necessariamente concluir, de tudo o que foi dito antes, que Deus existe; pois, ainda que a ideia de substância esteja em mim, pelo próprio fato de ser eu uma substância, eu não teria, todavia, a ideia de uma substância infinita, eu que sou um ser finito, se ela não tivesse sido colocada em mim por alguma substância que fosse verdadeiramente infinita.

DESCARTES, R. *Meditações metafísicas* (Terceira Meditação, § 22). Trad. Bento Prado Júnior e Jacó Guinsburg. São Paulo: Abril Cultural, 1973, pp. 115-6.

Texto 4. Maurice Merleau-Ponty (1908-1961), *A subjetividade transcendental é uma intersubjetividade*

Cada existência só transcende definitivamente as outras quando permanece ociosa e assentada em sua diferença natural. Mesmo a meditação universal que corta o filósofo de sua nação, de suas amizades, de seus preconceitos, de seu ser empírico, em uma palavra, do mundo, e que parece deixá-lo absolutamente só, na realidade é ato, fala, por conseguinte diálogo. O solipsismo só seria rigorosamente verdadeiro para alguém que conseguisse constatar tacitamente a sua existência sem ser nada e sem fazer nada, o que é impossível, já que existir é ser no mundo. Em seu retiro reflexivo, o filósofo não pode deixar de arrastar os outros porque, na obscuridade do mundo, ele aprendeu para sempre a tratá-los como *consortes*, e porque toda a sua ciência está construída sobre esse dado de opinião. A subjetividade transcendental é uma subjetividade revelada, saber para si mesma e para outrem, e a esse título ela é uma intersubjetividade.

> MERLEAU-PONTY, M. *Fenomenologia da percepção.*
> Trad. Carlos Alberto Ribeiro de Moura. São Paulo:
> Martins Fontes, 1999, pp. 484-5.

Texto 5. Jean-Paul Sartre (1905-1980), *A presença concreta e evidente do outro*

Assim, pelo olhar, experimento o outro concretamente como sujeito livre e consciente que faz com que haja um mundo temporalizando-se rumo às suas próprias possibilidades. E a presença sem intermediário desse sujeito é a condição necessária de qualquer pensamento que tento formar a meu respeito. [...] Agora, já sabemos o bastante para tentar explicar essas resistências inquebrantáveis que o bom-senso sempre opôs à argumentação solipsista. Tais resistências, com efeito, baseiam-se no fato de que o outro me aparece como presença concreta e evidente, que de modo algum posso derivar de mim mesmo e de modo algum pode ser posta em dúvida nem tornar-se objeto de uma redução fenomenológica ou qualquer outra "epoqué". Com efeito, se me olham, tenho consciência de ser objeto. Mas essa consciência só pode produzir-se na e pela existência do outro. Quanto a isso, Hegel tinha razão. Só que essa *outra* consciência e essa *outra* liberdade nunca me são *dadas*, posto que, se o fossem, seriam conhecidas, logo, objetos, e eu deixaria de ser objeto.

SARTRE, J.-P. *O ser e o nada*. Trad. Paulo Perdigão. Petrópolis: Vozes, 1997, p. 348.

Texto 6. Emmanuel Lévinas (1906-1995), *A gratuidade do sair-de-si-para-o-outro*

Eis que surge, na vida vivida pelo humano, e é aí que, a falar com propriedade, o humano começa, pura eventualidade, mas desde logo eventualidade pura e santa – do devotar-se ao outro. Na economia geral do ser e da sua tensão sobre si, eis que surge uma preocupação pelo outro até o sacrifício, até a possibilidade de morrer por ele: uma responsabilidade por outrem. De modo diferente que ser! É essa ruptura da indiferença – indiferença que pode ser estatisticamente dominante – a possibilidade de um-para-o-outro, um para o outro, que é o acontecimento ético. Na existência humana que interrompe e supera seu esforço de ser – seu *conatus essendi* espinosista – a vocação de um existir-para-outrem mais forte que a ameaça da morte: a aventura existencial do próximo importa ao eu antes que a sua própria, colocando o eu diretamente como responsável pelo ser de outrem. [...] Tudo se passa como se o surgimento do humano na economia do ser provocasse uma virada no sentido, na intriga e na classe filosófica da ontologia. O em-si do ser persistente-em-ser supera-se na gratuidade do sair-de-si-para-o-outro.

> LÉVINAS, E. *Entre nós: ensaios sobre a alteridade.* Trad. Pergentino Stefano Pivatto (coord.). Petrópolis: Vozes, 2005, pp. 18-9.

EXERCITANDO A REFLEXÃO

1. Alguns exercícios para você compreender melhor o tema:

- **1.1.** Por que, numa concepção rigorosamente lógica do ser, a mudança, o movimento e a passagem do tempo levam à necessidade de afirmar o não-ser?
- **1.2.** É possível, numa interpretação literal de Santo Agostinho, dizer que a presença de todos os outros (seres finitos) se anula diante da presença de Deus em nós, e que, para ser feliz, podemos dispensar a companhia dos outros, ficando apenas com Deus. O que você tem a dizer sobre isso?
- **1.3.** É muito significativo que, na filosofia de Descartes, o Outro primeiramente constatado seja Deus e não os outros sujeitos. Qual a característica do pensamento de Descartes (e da filo-

sofia moderna) que permite essa prioridade de Deus sobre os outros homens na consciência do sujeito?

1.4. Sartre diz que o senso comum não crê no solipsismo, mas, ao mesmo tempo, a filosofia moderna não consegue superá-lo. A que se pode atribuir essa situação?

1.5. Comente a possibilidade, que se encontra na filosofia de Lévinas, de uma completa "virada" no pensamento ocidental, que faça com que o *outro* passe a ocupar o lugar central no contexto da existência humana. Como essa possibilidade pode ser considerada diante da situação do mundo contemporâneo?

2. Analisando textos:

2.1. De acordo com o texto 1, por que Platão afirma que o gênero do ser é diferente de todos os outros gêneros?

2.2. Por que, de acordo com o texto 2, Santo Agostinho experimenta uma dificuldade em compreender o gesto da invocação de Deus?

2.3. Reconstrua, de acordo com o texto 3, a prova cartesiana da existência de Deus.

2.4. De acordo com o texto 4, por que, para Merleau-Ponty, a experiência do solipsismo é impossível?

2.5. De acordo com o texto 5, qual o sentido da frase de Sartre: "Com efeito, se me olham, tenho consciência de ser objeto"?

2.6. Qual experiência, segundo Lévinas, no texto 6, produz o acontecimento ético?

3. Estabelecendo referenciais:

Abaixo indicamos alguns conceitos que se tornaram referências filosóficas com o auxílio dos filósofos que estudamos neste livro. Analise cada um deles e releia os textos transcritos anteriormente, procurando identificar neles a presença desses conceitos:

Aparência: aquilo que nos é dado na experiência imediata e que não é inteiramente verdadeiro por-

que apenas reflete a verdade da qual participa, por vezes longinquamente. Não é, desde logo, falso, mas pode tornar-se falso se não a remetermos à essência e a considerarmos como única dimensão do ser. No caso do tema examinado aqui, a aparência, na sua variação e relatividade, revela o jogo do mesmo e do outro, questão que o filósofo deve resolver.

Conhecimento objetivo: *conhecimento constituído conforme as regras do método e que permite ao sujeito atingir a verdade do objeto com certeza e evidência. No caso do tema aqui examinado, o conhecimento da existência de outros sujeitos não pode ser atingido com certeza e evidência porque essas características só pertencem à existência do próprio sujeito. O objetivismo seria a exacerbação dessa lógica da evidência e a consideração das regras de objetividade como a única posição válida perante a realidade.*

Diferença/identidade: *na tradição filosófica, a identidade está sempre mais próxima da verdade,* *de tal modo que a diferença deve, sempre que possível, ser reduzida à identidade. A razão disso é que o ser de todas as coisas pressupõe, antes de qualquer predicado que lhe possa ser acrescentado, que ele seja idêntico a si mesmo. Por isso, no tema aqui examinado, o aparecimento do outro constitui um problema a ser decifrado.*

Multiplicidade/unidade: trata-se de uma relação semelhante à anterior. O privilégio da unidade corresponde à relevância concedida à identidade e, assim, dever-se-ia reduzir o múltiplo ao uno quando se quer atingir a verdade e o fundamento. A multiplicidade dos outros se opõe à unidade do mesmo.

Solipsismo: situação (teórica) em que, devido aos pressupostos e ao método utilizados em Filosofia, torna-se impossível concluir com certeza e evidência a verdade da existência do outro, que é vista apenas como provável. O sujeito permanece encerrado em si. Em Sartre, acentua-se a impossibilidade do outro como sujeito, o que leva a tratá-lo como objeto.

Universalidade: *como categoria lógica, corresponde à totalidade objetiva; como experiência, sugere a comunidade dos indivíduos estabelecida efetivamente por um tipo de relação em que se procura um equilíbrio entre a singularidade individual e o que todos os indivíduos possuem em comum. No tema que nos ocupa, pode-se perguntar se a universalidade deve ser realizada a partir do Eu ou a partir do outro.*

Temporalidade: *é a experiência humana do tempo, considerada estrutura básica da existência. O tempo não é apenas uma categoria, mas o modo pelo qual o ser humano existe e produz a consciência de si, que é a consciência do tempo, mesmo quando se aspira à eternidade. A temporalidade não é apenas a forma de vida do ser finito, mas a condição a partir da qual ele apreende a si, aos outros e às coisas.*

DICAS DE VIAGEM

Para você continuar sua viagem pelo tema do Outro, sugerimos:

1. Assista aos seguintes filmes, tendo em mente a reflexão que fizemos neste livro:
- **1.1.** *Terra estrangeira*, direção de Walter Salles Júnior e Daniela Thomas, Brasil, 1981.
- **1.2.** *Quando tudo começa* (*Ça commence aujourd'hui*), direção de Bertrand Tavernier, França, 1999.
- **1.3.** *A vida dos outros* (*Das Leben der Anderen*), direção de Florian Henckel von Donnersmarck, Alemanha, 2006.
- **1.4.** *Persona* (*Persona*), direção de Ingmar Bergman, Suécia, 1966.
- **1.5.** *Identificação de uma mulher* (*Identificazione di una dona*), direção de Michelangelo Antonioni, Itália, 1982.

1.6. *O homem elefante* (*Elephant man*), direção de David Lynch, Inglaterra e EUA, 1980.

1.7. *O retorno* (*Vozvrashcheniye*), direção de Andrei Zvyagintsev, Rússia, 2002.

1.8. *A religiosa portuguesa*, direção de Eugène Green, Portugal, 2008.

2. Algumas obras literárias para ilustrar nossa reflexão:

BEAUVOIR, Simone de. *A convidada*. Trad. Vitor Ramos. Rio de Janeiro: Nova Fronteira, 1985.

BUARQUE, Chico. *Budapeste*. São Paulo: Companhia das Letras, 2003.

ISHIGURO, Kazuo. *Não me abandone jamais*. Trad. Beth Vieira. São Paulo: Companhia das Letras, 2005.

PROUST, Marcel. *A prisioneira*. Trad. Manuel Bandeira e Lourdes Sousa de Alencar. São Paulo: Globo, 1994.

3. Jean-Paul Sartre escreveu duas peças de teatro que ilustram bem o tema de nossa reflexão. Sugerimos sua leitura. Se você encontrar uma encenação dessas peças, não deixe de assistir! São elas:

SARTRE, J.-P. *A prostituta respeitosa*. Trad. Maria Lúcia Pereira. São Paulo: Papirus, 1992.

———. *Entre quatro paredes*. Trad. Alcione Araújo e Pedro Hussak. Rio de Janeiro: Civilização Brasileira, 2007.

4. Acesse, na internet, o *site* de Yann Arthus-Bertrand intitulado *6 bilhões de outros*:

http://www.6milliardsdautres.org

Nesse *site*, escolha o idioma português e faça uma visita livre. Você encontrará fotos de habitantes de muitos países, com depoimentos e opiniões sobre diversos temas que enriquecerão sua reflexão sobre o outro. Visite especialmente o link "Testemunhos 6BO". Lá, escolha "Filmes temáticos" e assista aos diferentes depoimentos de pessoas de todo o mundo sobre temas como a amizade, o sentido da vida, Deus, o perdão, o sonho de cada um, a guerra, a família etc.

LEITURAS RECOMENDADAS

As obras que estão na base de nossa reflexão são:

DESCARTES, R. *Meditações metafísicas*. Trad. Bento Prado Jr. e Jacó Guinsburg. São Paulo: Abril Cultural, 1973 (Coleção Os Pensadores).

LÉVINAS, E. *Entre nós. Ensaios sobre a alteridade*. Trad. Pergentino Stefano Pivatto (coord.). Petrópolis: Vozes, 2005.

MERLEAU-PONTY, M. *Fenomenologia da percepção*. Trad. Carlos Alberto Ribeiro de Moura. São Paulo: Martins Fontes, 1999.

RICOEUR, P. *O si-mesmo como um outro*. Trad. Lucy Moreira César. Campinas: Papirus, 1991.

SANTO AGOSTINHO. *Confissões*. Trad. Oliveira Santos e Ambrósio de Pina. São Paulo: Nova Cultural, 1987 (Coleção Os Pensadores).

SARTRE, J.-P. *O existencialismo é um humanismo*. Trad. Rita Correia Guedes. São Paulo: Nova Cultural, 1987 (Coleção Os Pensadores).

SARTRE, J.-P. *O ser e o nada*. Trad. Paulo Perdigão. Petrópolis: Vozes, 1997.

Também sugerimos a leitura das seguintes obras:

CORÇÃO, G. *A descoberta do outro*. São Paulo: Agir, 2001.
Livro de grande beleza estilística e certo tom polêmico, no qual o autor exprime sua experiência da transitoriedade humana e da alteridade.

FORTE, B. *À escuta do outro*. Trad. Mário José Zambiasi. São Paulo: Paulinas, 2003.
O autor parte de uma dupla afirmação: a reflexão da modernidade tem como protagonista o Eu, a identidade, enquanto a contemporaneidade repõe de maneira angustiada e inquieta a questão do Outro e da diferença. Os textos tratam dessa posição contemporânea, tocando em problemas filosóficos e teológicos e abordando pensadores diversos como Hegel, Schelling, Nietzsche, Jaspers, Heidegger, Bultmann, Mounier, Dostoievski, De Lubac, Rahner, Lévinas e Bonhöeffer.

HABERMAS, J. *A inclusão do outro*. Trad. George Sperber e Paulo Astor Soethe. São Paulo: Loyola, 2002.
O filósofo alemão discute os problemas levantados pelo mundo globalizado e a necessidade de convivência entre

as diferentes culturas. Esses problemas são discutidos no nível dos Estados nacionais e dos cidadãos.

LANDOWSKI, E. *Presenças do outro.* Trad. Mary Amazonas Leite de Barros. São Paulo: Perspectiva, 2002.

Adotando a perspectiva da semiótica, o autor investiga a prática da determinação do sentido que atribuímos à presença do outro e da qual depende a forma de nossa própria identidade.

MARQUES, M. P. *Platão pensador da diferença. Uma leitura do Sofista.* Belo Horizonte: Humanitas/Ed. da UFMG, 2006.

O autor investiga o sentido da diferença na obra O sofista, de Platão. No seu dizer, pensar significa partir do singular e avançar numa rede de diferenças e identidades que possibilitem sempre maior inteligibilidade e transformação.

SANTE, C. *Responsabilidade – o eu para o outro.* São Paulo: Paulus, 2005.

Confrontando o tema hebraico-cristão da audição com o tema grego da visão, este livro oferece uma reflexão e aprofundamento sobre o tema responsabilidade.

SANTOS, A. C. (org.). *O outro como problema: o surgimento da tolerância na modernidade.* São Paulo: Alameda, 2010.

Coletânea de sete textos sobre o tratamento filosófico do tema da tolerância (a convivência com a diferença): dois do século XVII, de Bayle e Locke, e cinco do século XVIII, de Montesquieu, Rousseau, Romilly (verbete "Intolerância" da Encyclopédie*), Diderot e Voltaire. Cada um deles é precedido de um texto de apresentação, elaborado por um pesquisador na área, que foi o mesmo responsável pela escolha e tradução do artigo do filósofo.*

GRÁFICA PAYM
Tel. [11] 4392-3344
paym@graficapaym.com.br